LETTRES

DE SON ALTESSE ROYALE

LE PRINCE DON JAIME DE BOURBON

CAPITAINE DE DRAGONS RUSSES
A L'ÉTAT-MAJOR DU GÉNÉRAL KOUROPATKINE
EN 1904

*Publiées par le capitaine de vaisseau Marquis de Faysseix-Bonnin
dans le CORRESPONDANT*

PARIS

L. DE SOYE ET FILS, IMPRIMEURS

18, RUE DES FOSSÉS-SAINT-JACQUES, 18

1904

LETTRES

DE S. A. R. LE PRINCE DON JAIME DE BOURBON

LETTRES

DE SON ALTESSE ROYALE

LE PRINCE DON JAIME DE BOURBON

CAPITAINE DE DRAGONS RUSSES
A L'ÉTAT-MAJOR DU GÉNÉRAL KOUROPATKINE
EN 1904

Publiées par le capitaine de vaisseau Marquis de Fraysseix-Bonnin
dans le CORRESPONDANT

PARIS

L. DE SOYE ET FILS, IMPRIMEURS

18, RUE DES FOSSÉS-SAINT-JACQUES, 18

1904

LETTRES

DE S. A. R. LE PRINCE DON JAIME DE BOURBON

J'ai l'honneur de présenter aux très distingués lecteurs du *Correspondant* une première série de lettres de Son Altesse Royale Don Jaime de Bourbon.

Ce prince de la race de nos rois est parti dans les premiers jours d'avril pour combattre avec nos alliés contre les ennemis de l'Europe et de la chrétienté. Il est animé des sentiments qui ont fait la grandeur de ses aïeux et, par eux, celle de la France. On voit revivre en lui l'âme d'Henri IV, et aussi son esprit enjoué et très fin. Il écrit tous les deux jours environ, sans jamais oublier ceux qui attendent de ses nouvelles, émus des dangers qu'il court dans son élan si généreux. Il montre ainsi qu'il est prince, il a cette exactitude qui est la politesse des rois.

Au moment de son départ, la guerre est déjà vivement précipitée par les Japonais, qui ont pris l'avance, dès le début, par le guet-apens de Port-Arthur. L'amiral Makaroff reçoit le commandement de la division navale et, dès qu'il se montre, l'escadre ennemie se dérobe devant lui. Il ramène l'espoir sous les pavillons russes, tandis que l'armée se rassemble à Liao-Yang, sous les ordres du général Kouropatkine. Le prince est destiné à son état-major, il y montrera la vaillance du sang français qui coule dans ses veines. Toujours fidèle à l'Espagne, il combattra aussi pour la gloire de sa patrie, dans une armée dont les premiers combats n'ont pas été heureux, mais dont les derniers efforts seront certainement couronnés par la victoire.

Voici une premiere série de lettres. J'aurai les suivantes et les offrirai de même à votre affectueuse admiration.

Marquis DE FRAYSSEIX BONNIN,
Capitaine de vaisseau.

Sur le Transsibérien, 4 avril. — (Arrivée à Paris le 9 avril 1904.)

A onze heures du soir, le 3 avril 1904, le train part de Moscou : il est bondé d'officiers de toutes sortes se rendant aux différents états-majors. Les wagons très commodes, bien chauffés, avec électricité, wagon-restaurant, etc... Nous serons dimanche à Irkoutsk; sept jours de route, c'est vite, et dans d'excellentes conditions. Le temps est superbe, le ciel bleu, et un beau soleil nous réveille ce matin. La température est de 2 degrés sous zéro.

Nous rencontrons le premier train avec une batterie et des pontonniers; ils sont gais et nous saluent en buvant à notre santé dans leur verre de métal, d'où sort en nuage la vapeur du thé bouillant. (Du pur Loti, s. v. p.! on continuera!)

Dans mon wagon, deux attachés américains, l'un attaché naval, puis un colonel bulgare et deux officiers suisses.

... A l'infini, la plaine, et partout la neige qui fait mal à regarder, à cause du beau soleil, dont les reflets sur la neige glacée éblouissent. Nous passerons le Volga demain soir.

Mon chien Jack fait route avec moi; il a l'air aussi content, et quand je lui dis : « Jack, où sont les Japonais? » il saute et court à droite et à gauche comme s'il comprenait. Je vais déjeuner, et mettrai cette lettre à la première gare; je continuerai demain et chaque jour. Envoyez copie à mes sœurs. Je vous salue affectueusement.

D'ici dix-sept jours, nous serons à Moukden, j'espère; les trains de soldats mettent un mois.

JAIME.

Transsibérien, 4 avril (nouv. style) 1904. — (Arrivée à Paris le 11 avril).

Nous avons passé Samara ce matin. Toujours le beau temps, et la plaine couverte de neige à perte de vue. On se dirait en temps de paix; on ne voit pas de trains chargés de soldats; cela sera pour plus tard. On s'arrête dix ou vingt minutes en gare pour prendre l'eau et le bois; on saute à terre : tout est gelé; le soleil brille avec tant d'éclat que, vite, les attachés militaires, avec leurs kodaks, photographient, quoi?... nous... et la neige. Je leur dis d'attendre plus tard, quand le mouvement des troupes donnera des tableaux plus intéressants. 9000 kilomètres de Pétersbourg à Moukden! Cela semble long, mais comme on est bien dans ce train! Pas de charbon, rien que du bois, on est propre comme si l'on était chez soi : en France, trois heures de train et l'on est noir comme un charbonnier. J'écris pendant la marche du train, ne croyez pas que c'est la *vodka* russe qui rend mon écriture aussi tremblante; d'ailleurs, je n'en bois pas.

En route, aucune nouvelle ne nous parvient; on ne sait rien nulle part de la guerre; à Irkoutsk seulement, lundi matin, nous pourrons peut-être apprendre quelque chose. Lundi, après-midi, nous commencerons la traversée du Baïkal. Je vous laisse, voici une gare; je vais déjeuner (deux heures, il est temps)!

Transsibérien. Cheliabinsk, 5 avril. — (Arrivée à Paris le 12 avril.)

Nous traversons l'Oural; hier soir nous avions 12° sous zéro, aujourd'hui il dégèle; par un beau soleil, on descend aux gares sans pardessus; les figures changent; on ne voit que Tartares au nez aplati, jaunes et presque imberbes, couverts de leurs peaux de mouton. La neige diminue sur la route, on ne voit plus de traîneaux ; seulement des Tartares circulent dans le dégel qui s'accentue.

Comment allons-nous traverser le Baïkal? Les avis sont partagés : ferons-nous le détour? Traverserons-nous en traîneau, ou déjà avec le bateau?

Nous venons de dépasser un train d'artillerie, hommes et chevaux; ils promènent leurs bêtes pour leur dégourdir les jambes, quand un arrêt un peu prolongé leur en donne l'occasion.

Nos deux attachés américains ont inauguré leur première « cuite » en Russie, hier soir : cela a duré presque toute la nuit, en compagnie de quelques officiers d'infanterie, vulgaires et peu élégants; ces Américains n'en sont pas moins deux bons garçons. A Cheliabinsk (où je vais mettre cette lettre), nous rencontrons un train avec des sapeurs et des pontonniers. Il paraît qu'à Cheliabinsk, nous avons un arrêt de quatre à cinq heures; jusqu'à présent nous n'avons pas de retard; nous arriverons probablement lundi à Irkoutsk.

... S'il arrive quelque chose d'intéressant je vous enverrai une seconde lettre encore aujourd'hui.

Saluts affectueux à tous les amis. J'embrasse les sœurs.

Transsibérien. Avant d'arriver à Omsk, 6 avril 1904.
(Arrivée à Paris le 15 avriL)

Toujours beau temps. Rien de nouveau, et pas de nouvelles, nulle part, de la guerre.

Encore très peu de troupes; de temps en temps quelques wagons avec des sapeurs, des pontonniers et quelques cosaques; nous n'avons pas encore trouvé d'infanterie sur notre route. Nous sommes de nouveau dans la plaine; quelques forêts de maigres bouleaux sur cette mer de neige, et de longs villages à toits de chaume. Dix minutes d'arrêt toutes les heures environ. A Cheliabinsk nous avons eu cinq heures; c'est un croisement important d'une ligne venant du nord; c'est là que nous avons senti la première impression que l'on va à la guerre! Des dépôts de foin, de blé; des baraques de bois pour les troupes de passage, et des écuries pour les chevaux. Nous avons vu embarquer deux compagnies de sapeurs qui doivent se rendre sur le Yalou, mais qui n'arriveront à Kharbin que dans vingt-cinq jours. Les chevaux des sapeurs, qui viennent de Varsovie, sont en bon état : nous voyons leur embarquement.

7 avril, à 200 km. environ O. de Tomsk. — (Arrivée à Paris le 19 avril.)

Toujours le même pays, plaine, bouleaux et neige; comme température, à midi, 5 degrés sous zéro, mais pas de vent et beau soleil.

Nous rencontrons un train de réservistes, en costumes de paysans dans leurs peaux de mouton. C'est la troisième fois qu'ils sont mobilisés : d'abord leur service actif en 95, puis la dernière insurrection des Boxers et à présent le Japon. Ils ont l'air intelligent; ce sont des hommes grands et forts, frisant la quarantaine; plusieurs avec de longues barbes blond filasse. Ils paraissent résignés, sinon contents; ils laissent beaucoup d'enfants encore en bas âge et le printemps qui arrive réclamerait leurs bras pour la terre. Voilà deux mois qu'ils ont quitté leurs foyers, et il se passera encore plusieurs semaines avant qu'ils ne rejoignent leurs régiments.

Dans mon wagon, j'ai aussi pour compagnon un Russe qui va diriger un des hôpitaux de la Croix-Rouge; il a fait la guerre du Transvaal avec les Boers, et il en a rapporté une jambe plus courte par suite d'une balle dans le fémur. Nous causons longuement de cette guerre et de la tactique des Boers, si intéressante et si pleine de leçons pour nous. Il me dit, comme d'ailleurs déjà plusieurs officiers, que je devrais changer mon uniforme : mes culottes écarlates sont trop voyantes et, à cause de leur couleur éclatante, m'exposeront inutilement; enfin, nous verrons ce que dira Kouropatkine!

Le général Kouropatkine a déjà demandé en Russie que l'on envoie, pour les soldats, en été, des uniformes de toile grise, au lieu du blanc, qui est une cible trop indiquée. Moi, je n'en ai pas pour le moment; cela m'ennuie de changer d'uniforme, et puis je ne sais si je trouverai tailleur et étoffes dans les parages où je vais!

Voici une remarque intéressante à propos d'une longue ligne à une voie comme la nôtre : mathématiquement tout dépend, pour le nombre de trains qui pourront circuler sur la ligne, du nombre de croisements, ou plutôt de la distance entre ces croisements, où il y a toujours plusieurs voies de réserve. Par exemple, une voie qui aura des croisements distants de 8 kilomètres pourra faire passer, *mettons* 20 trains par jour dans chaque sens, tandis que s'il y avait 20 kilomètres entre les croisements, il ne pourrait en passer que 5. Ceci prouve que la grande longueur d'une voie comme la nôtre (10,000 kilomètres et plus) n'est pas un grand inconvénient pour la quantité de trains, puisque tout dépend de la distance entre les croisements.

Transsibérien, 8 avril 1904. — (Arrivée à Paris le 19 avril.)

Le 7 au soir, nous rencontrons un train de la Croix-Rouge, avec le personnel, ou partie du personnel, d'un hôpital pour la Mandchourie; parti dix jours avant nous de Pétersbourg, il nous laisse le dépasser. Il fait très froid ; imprudemment nous sortons des wagons sans nos manteaux et je sens un petit rhume de cerveau qui se prépare ; comme il n'y a pas de vent, on ne s'aperçoit pas tout de suite du froid en arrivant à l'air et on commet des imprudences.

Les Américains nous donnent une recette pour faire du *Kaki* avec nos uniformes blancs : c'est tout simplement de les tremper dans l'eau où on a fait bouillir le café... On pourrait aussi choisir autre chose pour donner cette couleur, mais le café a une meilleure odeur, et on atteint la même couleur... (C'est presque des vers.)

8 avril, suite. — Ce matin, à six heures, eu une panne de locomotive de trois heures : il faisait beau, mais 15° Réaumur sous 0. J'ai un rhume de première classe. Sur la route, il y a un peu plus de neige.

Demain, samedi soir, nous aurons le réveillon russe de Pâques, un souper après un service et des prières dites par un pope qui va rejoindre son régiment. Pâques, comme vous savez, est aussi, en Russie, la plus grande fête de l'année.

Marinsk, assez grande ville pour la Sibérie. Arrêt quinze minutes. Nous trouvons deux trains de troupes ; les soldats très confortablement installés : chacun sa couchette avec des couvertures, et un poêle dans chaque wagon : 35 à 40 hommes par wagon. Je trouve une grande différence dans l'installation des wagons des réservistes qui arrivent avec les trains de troupes : cependant ils ne souffrent absolument pas du froid. Hier, j'ai vu des hommes tranquillement assis dehors sur les plateformes des wagons, ayant seulement leur chemise de coton sur le dos, culottes et bottes, bien entendu. A la demande d'un officier étranger : « Mais, est-ce que ces hommes n'ont rien dessous ? » je m'approche d'eux et constate par moi-même qu'ils n'ont bien que leur chemise. Ils n'ont pas froid, me disent-ils, « il fait chaud aujourd'hui »... Hier 5° sous 0... « De rudes gaillards, N. de N. ! » disent les Suisses (attachés militaires).

Nous arriverons vers les deux heures de la nuit à Krasnoyarsk. Voyez sur la carte : un beau morceau de route déjà à notre effectif. — Jack, mon fidèle chien, très content, ne sent pas plus le froid que nos soldats, et court comme un fou dans la neige à chaque occasion. Jusqu'à présent, nos arrêts n'ont jamais été de plus de vingt minutes, excepté quatre heures à Cheliabinsk et notre panne de deux heures ce matin.

Jusqu'à ce moment, tout le service du chemin de fer me paraît très bien fait : déjà, depuis deux jours, il n'y a aucun point important, tels que *ponts*, etc., qui ne soit gardé par des soldats, les trains se succèdent avec grand ordre, et l'on ne rencontre aucun effarement dans le personnel.

Aujourd'hui, toute la journée, la même plaine, un peu de forêts, et à présent nous entrons dans des collines.

Transsibérien, près d'Irkoutsk, 10 avril 1904. — (Arrivée à Paris le 23 avril).

Je ne suis guère content de mon rhume de poitrine, j'ai les os qui me font mal ! c'est un peu d'influenza ; j'espère bien que cela passera en route avec un peu de quinine. Cette nuit, nous arriverons à Irkoutsk, nous quitterons ce train, et nous prendrons celui qui mène jusqu'au lac (environ 65 kilomètres). Puis, demain dans l'après-midi, nous traverserons en traîneau les 38 verstes du Baïkal, pour rejoindre le chemin de fer de l'autre bord.

Nous traversons des forêts de pins ; beaux grands arbres, beaucoup de neige dans la forêt, superbe soleil. Les bouleaux ! il y en a toujours dans les bois entre les grands pins : c'est l'arbre russe par excellence qui, même en été, vous rappelle la neige, avec son écorce blanche.

Hier, à minuit, nous avons eu dans le train le service religieux pour les Pâques : tout le monde y assistait dans le wagon-restaurant transformé en chapelle ; dans un coin, le souper ! Quelle chaleur avec cette quantité de cierges, chaque personne devant en tenir un allumé dans la main jusqu'à la fin de la cérémonie. Puis..., petit souper, un verre de champagne, après plusieurs de vodka. Tout ceci précédé d'une embrassade générale. Pour mon compte, je suis parti me coucher au plus tôt, et, même au lit, tous les os me font souffrir.

Fini, ce soir, le voyage commode ! Après le Baïkal, les trains ne seront pas si luxueux. Si je ne me sens pas guéri, je m'arrêterai à Kharbin où il y a un bon hôpital, et au bout de cinq ou six jours je pourrai continuer sur Liao-Yang.

J'ai télégraphié hier au soir à l'empereur pour les Pâques, et ce matin j'avais déjà une réponse aimable et me souhaitant de bien finir mon voyage.

Adieu, salut à tous. Très probablement je vous enverrai une dépêche demain avant de passer le Baïkal.

Irkoutsk (ville), hôtel de Russie, 11 avril 1904.
(Arrivée à Paris le 26 avril.)

A cause d'un bon mal de gorge et de mon état général, j'ai décidé de rester trois jours ici et de ne passer le Baïkal qu'une fois complètement bien ; je risquerais trop pour rien.

Nous comptions arriver à Irkoutsk vers minuit, mais un train qui nous devançait, ayant perdu une partie de ses wagons en route, nous a causé trois heures de retard; heureusement que nous n'avons pas carambolé dans les wagons.

A trois heures du matin j'ai passé, sur la glace, la large rivière qui sépare la gare de la ville (17° sous zéro), et je suis venu m'établir dans le premier hôtel, le *Métropole*. Je me couche, mais peu de minutes après je dois me relever; des punaises voraces et et d'une grandeur *sibérienne* m'obligent à chercher un autre logis. Je trouve ici, à l'hôtel de Russie, une chambre avec un lit de fer, et, au moins, je ne suis pas dévoré. Comme tout est cher à Irkoustk! La boîte à punaises, 7 roubles; la chambre ici (à l'hôtel de Russie) seulement 3 roubles 50 k. (sans punaises, il est vrai, et il y en avait au moins pour 3 roubles 50 k.). J'ai dormi quelques heures et je me sens mieux déjà.

Le beau soleil de Sibérie nous éclaire toujours; on se croirait en Italie, sauf les 17 degrés sous zéro.

Ici, les fêtes de Pâques (quatre jours) continuent; beaucoup de gens ivres dans les rues; toutes les boutiques sont fermées; on refuse même de laver notre linge, besogne faite en grande partie par des Chinois, qui veulent aussi fêter les Pâques. D'ailleurs, dans cette ville, l'on ne se donne pas grand peine pour gagner 1 rouble; tout le monde a de l'argent, et les riches marchands ou chercheurs d'or en jettent à deux mains par les fenêtres en eau-de-vie, champagne, etc...

A Chita, de l'autre côté du Baïkal, il paraît qu'il y a pas mal de malades, petite vérole, typhus et déjà dyssenterie. Enfin, les trois calamités de toute guerre.

Irkoutsk, 13 avril. — (Arrivée le 27 avril à Paris.)

Je pars cette nuit malgré tout. J'ai été aujourd'hui chez le gouverneur général, homme charmant qui a eu la bonté de mettre son propre wagon à ma disposition pour me conduire au Baïkal; j'aurai ensuite une troïka pour traverser le lac en traîneau, et de l'autre côté j'aurai un petit compartiment réservé dans le train jusqu'à la frontière de Mandchourie. Puis Dieu pourvoira.

Il faut que je parte, car il fait chaud aujourd'hui, et le dégel est venu; si je tardais encore, je devrais faire en traîneau ou en voiture une route longue et mauvaise autour du lac. Il n'y a donc pas à hésiter. Demain, à neuf heures du matin, si tout va bien, je commence la traversée.

Irkoutsk est une ville d'une saleté repoussante, 60,000 habitants, beaucoup de Juifs, quelques Chinois, les quelques centaines de Japonais qui y étaient aussi sont renvoyés maintenant; les 200 derniers sont partis hier. On les expédie en Russie, côté d'Europe. A cause des fêtes, les rues sont parcourues par des bandes de soldats, dont un trop grand nombre, malheureusement, dans un état d'ivresse qui fait mal à voir pour un soldat : tous ces réservistes ne donnent pas une grande idée de discipline. Irkoutsk a toujours été un vrai coupe-gorge, et plus que jamais dans ce moment-ci, au point que personne, même armé, ne s'aventure la nuit dans les rues. Pas un jour ne se passe sans vol ni meurtre, à ce que tout le monde me raconte, en commençant par les agents de police qui se disent impuissants contre la canaille qui inonde la ville; la plupart des anciens libérés des travaux forcés viennent habiter ici, et les mines d'or complètent cette population de gredins.

Beaucoup sont sans travail dans ce moment, parce qu'ils veulent gagner au moins 6 à 8 roubles, et ne rien faire, naturellement. Aujourd'hui même, en me promenant dans la rue principale, je rencontre des soldats qui me regardent en pleine figure sans rendre les honneurs. Je m'adresse à eux et je constate que l'un d'eux n'a pas de permission en règle; déjà plusieurs civils de mauvaise mine m'entourent, puis la canaille et quelques étudiants commencent à se mettre contre moi et à prendre le parti du soldat que je fais arrêter quand même. L'un des civils tend un rouble au soldat en disant : « C'est pour toi »; et en me défiant d'y toucher. L'affaire allait tourner mal : je sors du groupe pour avoir au moins les mains libres, lorsque, heureusement, un officier de police passe, je l'appelle à la rescousse et feins, pour ne pas avoir à dégaîner, de ne pas entendre plus d'une insulte faite à mi-voix. Enfin le soldat et l'homme qui a commencé l'affaire sont emmenés à la police, chacun de son côté. Ici, je n'ai pas encore fait ma déclaration et attends la fin de l'histoire. Très triste tout ceci, mauvais esprit !

Je me sens beaucoup mieux, quoique avec une voix complètement rauque; mais je suis content de quitter Irkoutsk dont j'ai une triste et mauvaise impression.

Quelle malédiction que cette eau-de-vie, la cause de tant de mal ici, surtout dans un pays où l'ivrognerie, non seulement n'est pas une aggravation, mais est encore une excuse. Vous entendez toujours dire : « Ah ! voyez-vous, il était ivre », comme atténuation à n'importe quel méfait.

Il paraît que les Chinois s'agitent en Mandchourie, poussés et peut-être commandés par des Japonais. Nos soldats ont déjà eu affaire à eux : pourvu que ce mouvement soit étouffé à temps.

Irkoutsk, 13 avril 1904. — (Arrivée à Paris, le 26 avril.)

Je viens ajouter un post-scriptum à ma longue lettre d'Irkoutsk d'aujourd'hui. Je suis à la gare, il a fallu traverser la rivière, il dégèle, et je crois que la glace ne tiendra plus longtemps. Ici, un magnifique wagon-salon est mis à ma disposition : celui du gouverneur général : malheureusement, il ne me conduira que jusqu'au lac.

Avant de partir, j'ai la satisfaction de savoir que le civil qui offrait des roubles au soldat que je faisais arrêter en aura pour trois mois.

Transbaïkal, 14 avril 1904. — (Arrivée à Paris, le 2 mai.)

Je mettrai cette lettre à la poste avant Chita probablement, et de là, je vous enverrai un post-scriptum. Je suis un peu superstitieux et n'aime pas écrire que je me porte bien : ça me fiche la guigne; donc, c'est seulement si je ne me sens pas bien que je vous parlerai de ma santé : c'est entendu !

La traversée du lac Baïkal était excellente : un peu de vent, mais pas plus de 4° sous zéro; à la station de départ, garantie du vent, et avec un beau soleil, *zéro*, comme je vous l'ai télégraphié. Avec une bonne troïka, des chevaux de taille moyenne qui marchent bien en galopant presque tout le temps, j'ai fait en moins de 5 heures la traversée (45 verstes). Sur le lac, peu de neige, autour de nous de hautes montagnes, partout des chevaux crevés et des corbeaux dessus. Je m'amuse à tirer dans le tas en passant : question de se distraire... Au milieu du lac, trois maisons de bois, spacieuses : c'est la grande halte où les soldats reçoivent du thé et de la nourriture chaude. De temps en temps des poteaux portant un drapeau montrent un endroit dangereux, où la glace s'est ouverte, et la route fait un détour; sans cela on ne se croirait pas sur l'eau, mais sur une route de steppe, car la neige est noire du passage de tant de traîneaux et de chevaux. Je rencontre seulement en route une batterie de huit beaux canons à tir rapide, qui me rappellent le type du canon français (canon très bas sur l'essieu). Puis beaucoup de lourds traîneaux chargés de toute espèce de fournitures. Nombre de caisses avec la croix rouge, roues de locomotives et de wagons, caisses de cartouches, se rencontrent par groupes de dix ou quinze traîneaux. Puis, en sens inverse, d'autres traîneaux, vides, ou avec des femmes, enfants, civils, qui fuient la guerre. La plupart dorment, couchés dans le fond des troïkas, recouverts de toutes sortes de pelisses.

Je m'arrête 10 minutes à moitié route, à l'emplacement de la grande halte : je fais servir à mon cocher un grand verre (un tiers de litre) de vodka, qu'il avale d'un coup comme si ce n'était rien, en mangeant un petit morceau de pain par-dessus. Parti à midi, j'arrive à l'autre bord à cinq heures, mais comme il fait plein jour jusqu'à sept heures, je vais avec le capitaine commandant de place (gare) faire une bonne promenade à pied jusqu'à la gare principale, située à près de trois kilomètres de la gare du lac.

Tous les dépôts sont bondés, et des fournitures de tous genres encombrent les deux côtés de la ligne, en plein air; il manque des wagons pour transporter tout cela : la ligne du chemin de fer sur le lac, qui a rendu des services immenses en transportant plus de soixante locomotives et des centaines de wagons, a dû être enlevée; la glace n'en voulait plus! Nous espérons que bientôt le chemin de fer (une partie au moins) qui contourne le lac, pourra nous aider, mais il ne sera pas fini complètement avant de longs mois. Si le dégel voulait venir vite (dans un mois), nous pourrions amener plus rapidement les wagons dont nous avons une grande quantité.

Avec les bateaux brise-glace, très promptement nous aurons ce qu'il nous faut; mais pourvu aussi que le mauvais temps ne vienne pas détruire beaucoup de ce qui est déjà apporté et attend dehors. L'eau ne serait pas très bonne pour notre farine! Il est vrai que nous couvrons en ce moment avec des bâches de toile les marchandises les plus délicates.

Depuis la traversée du lac, nous avons la censure des dépêches; j'aurais voulu vous télégraphier plusieurs fois, mais on n'acceptait que les dépêches en russe. Celle que je vous ai envoyée avant de traverser le lac, je la dois à l'amabilité du commandant de gendarmerie qui s'en est chargé.

En causant avec le capitaine-commandant de place, je lui ai parlé de ce qui m'est arrivé à Irkoutsk, et il m'a répondu : « Inhabitable, ce pays, avec tous ces forçats, libérés ou évadés. Ici, voyez ce qui se passe : hier soir, ils ont eu une bagarre, et on m'a apporté cinq morts et cinq blessés, dont un agonisant : et tout cela, rien que des querelles entre eux. Enfin, les choses changeront, car on n'envoie plus les forçats en Sibérie, mais à Sakhaline. »

Fini le voyage commode avec restaurant. J'ai un compartiment pour moi seul, c'est encore bien bon, mais plus de lit; je m'arrange tout de même parfaitement bien avec mes couvertures et mes draps-sacs. Il est tard, minuit passé, tout le monde dort dans le train; j'avais faim, et je viens d'avaler une conserve de viande, conserve allemande. Avec chaque boîte il y a une espèce de couvercle qui contient une pâte à l'esprit-de-vin pour la réchauffer, au risque de ficher le feu. J'ai fait prudemment ma cuisine dans le wagon.

Les voyageurs de ce train ne sont pas gais, je regrette les attachés bulgares, américains et suisses qui avaient en plus de bonnes manières, et qui sont à quarante-huit heures devant moi. Ici, un général d'infanterie assez gentil mais déjà âgé; un officier de l'infanterie de la garde va rejoindre son régiment à Chita.

Le train roule lentement; toute cette journée, la première passée sans mon grand ami le soleil, me rend moins gai. Je pense à tant de monde et à tant de choses qui sont déjà si loin de moi; et l'on aime encore plus ses amis, quand on est loin d'eux. Vous me manquez tous en ce moment.

Aujourd'hui, il a été question de l'état piteux de la population à Irkoutsk, où personne ne sort dans le jour, même dans les rues principales, sans son revolver en poche, des gens étant dépouillés à main armée, même pendant la journée. Ah! ces Japonais, ce qu'il faudra leur faire payer tout le mal qu'ils nous causent! Demain 16, pendant la nuit, nous arriverons à la gare Maudeluiria, la frontière de Mandchourie. Nous marchons sans heures ni arrêts fixes, et il est difficile de savoir, à un ou deux jours près quand on arrivera à Kharbin et à Moukden. Très probablement, je devrai m'arrêter un jour ou deux à Kharbin, où se trouve, je pense, l'amiral Alexeïeff. Nous ignorons ce qui se passe à la guerre, aucun télégramme n'étant connu aux gares que nous traversons. Tandis qu'à Paris, combien de nouvelles! la plupart fausses, naturellement : mais enfin, vous vivez : ici, je crois que l'Amérique serait engloutie, que nous l'ignorerions longtemps.

Chitá, 15 avril. — (Arrivée à Paris, le 3 mai.)

Nous arrivons dans une heure. Nous marchons à la vitesse d'un escargot rhumatisant!

La neige a complètement disparu, excepté sur les montagnes et dans les grandes forêts que nous traversons; il fait presque chaud, surtout pour nous qui venons du grand froid de Sibérie. Ici, de très belles forêts, très souvent brûlées le long de la voie, à des distances de 1 à 2 kilomètres, mais déjà de jeunes arbres repoussent en plusieurs endroits. Vous voyez par mon écriture que, quoique ne marchant pas en ce moment à plus de 8 kilomètres, on est secoué à cause de la voie un peu inégale.

J'apprends la mort de la pauvre reine doña Isabelle; c'est la seule nouvelle qui nous soit parvenue. Pauvre femme! cela m'a fait de la peine.

Il paraît qu'en Mandchourie les brigands Khoungouses deviennent un peu remuants, et ont même attaqué un train il y a un mois; cela sera pire, probablement, quand le « kaulian » (haute plante de 3 mètres qui ressemble au maïs) aura poussé et facilitera leurs attaques; déjà ils volent les Chinois, tranquilles dans les villages. La ligne est partout très bien gardée en Mandchourie, les ponts importants ont même des canons (nos anciens) pour les défendre contre les Khoungouses. Il paraît que l'esprit de nos troupes est excellent, les soldats ne demandent qu'à aller se battre contre les Japonais. Je crains que les Japonais ne veuillent pas prendre l'offensive, et se fortifient seulement en Mandchourie, ce qui nous empêcherait de leur donner une bonne râclée. Râclée que nous pourrons leur administrer, je l'espère, s'ils viennent nous chercher.

Plus tard, je ne pourrai probablement pas vous envoyer des détails sur nos mouvements, car, comme officier, cela ne me sera pas permis, ce qui est très compréhensible. La poste même irait trop vite, et nous devons éviter que, fût-ce par un long détour, nos ennemis, qui ne sont pas seulement les Japonais, apprennent nos mouvements.

> Transbaïkal, 16 avril 1904. Frontière de Mandchourie. Gare Manjur.
> (Arrivée à Paris le 8 mai.)

Trouvé hier à Chita l'affreuse nouvelle de la catastrophe de notre meilleur cuirassé, le *Petropavlosk*, qui m'a fêté il y a trois ans et sur lequel j'ai passé deux jours. La perte de l'amiral Makaroff est pour nous un grand coup. Un général qui vient de Port-Arthur nous dit que toute la marine était si pleine de confiance en l'amiral que son moral s'était complètement relevé depuis qu'il avait pris le commandement de l'escadre.

Au départ, en quittant Chita, notre train a été accompagné par des paysans russes qui, de loin, nous bénissaient tristement (mode russe) en faisant un grand signe de croix dans la direction du train.

Le colonel de gendarmerie avec lequel je cause longuement à la gare de Chita me montre du doigt une petite maison près de la gare, où un soldat, baïonnette au canon, monte la garde... Hier soir on a attrapé un Polonais (?) qui, dans un train des ambulances, où il s'était probablement faufilé comme garde-malade, a été arrêté porteur de douze cartouches de pyroxiline. Voulait-il faire sauter le grand pont de Chita, ou quelque autre pont sur la ligne? « Anarchiste ou payé par les Japonais? » Cette dernière hypothèse semble la plus probable, plusieurs Chinois se disant agents japonais ayant déjà été exécutés pour attentats sur la voie ferrée.

Aujourd'hui, le froid est revenu et une violente tempête de neige ne nous laisse rien voir pendant quatre heures; puis la neige cesse, mais le temps reste gris. Pays accidenté, petites montagnes et larges plaines, mais pas un arbre, point de village pendant des heures de route; c'est le désert.

J'ai demandé au colonel de gendarmerie si nous avions une censure pour les lettres, il me répond que non et que l'on peut écrire ce que l'on veut. Naturellement je suppose que c'est seulement jusqu'en Mandchourie.

Il est quatre heures et demie du soir et je n'ai pas encore pu déjeuner; nous marchons sans horaire à la grâce de Dieu. On nous assure seulement que nous passerons une partie de la nuit à Manjur. J'ai voulu vous télégraphier encore, mais on refuse toute dépêche qui n'est pas en russe.

J'ai eu, pour les fêtes de Pâques, deux dépêches fort aimables de l'empereur et de l'impératrice-mère, en réponse à mes félicitations.

5 heures. — Sommes en retard : pas encore pu déjeuner; une tempête terrible de neige nous empêche d'avancer. On ne voit rien, tout est blanc, il fait froid, le vent passe à travers les doubles fenêtres.

10 heures du soir. — En pleine panne, à un croisement de la ligne à 120 verstes de Manjur. La neige, mêlée de gros sable, a obstrué la voie d'une telle manière qu'un train conduisant des troupes devant nous est arrêté par la neige à une vingtaine de verstes d'ici. On a envoyé, avec des pelles, une centaine de cosaques qui, heureusement, se trouvaient ici; on leur a donné 1 rouble 50 à chacun et ils sont partis heureux et contents. Le vent souffle en tourbillons d'une manière effroyable, il fait froid, mais pas trop cependant. Nous sommes ici depuis cinq heures et demie, et d'après les on-dit, je crains que nous ne puissions pas partir demain avant six ou sept heures du matin. Voilà un tas de petits atouts pour ces s.... Japonais, après les gros que le malheur et la mauvaise chance leur ont déjà octroyés.

A la gare (croisement), l'officier qui commande les cosaques qui sont en route, en voyant mon uniforme de hussard de Grodno, se jette dans mes bras devant tous les voyageurs du train, en criant : « Bravo! la garde! bravo! vous venez en volontaire défendre la patrie! » Puis, quand on lui dit mon nom de Bourbon : « Alors, c'est Jaime de Bourbon? et vous venez pour la deuxième fois? Ah! j'ai entendu parler de vous, etc...; il faut que je vous embrasse à nouveau! » Et nouvelle embrassade...

Tout un autre aspect, les troupes que l'on rencontre ici : ordre et discipline. Quelle différence avec ces ivrognes de Irkoutsk! Mais je crois que l'on retient là-bas ce qu'il y a de plus mauvais dans les réservistes appelés, c'est-à-dire cette caste de forçats libérés ou de fils de forçats libérés.

« Jack », qui courait comme un fou dans la tourmente de neige, en a assez et demande bientôt refuge dans le wagon.

J'ai mangé ici un peu de soupe seulement, car il n'y a pas grand chose. Nous buvons beaucoup de thé chaud, et fumons beaucoup de cigarettes en causant. Le général Okulich (commandant la 1re brigade du 5e tirailleurs, division de Sibérie), qui est dans le train avec nous, est très gentil. Nous sommes souvent ensemble ; il me raconte ses campagnes contre les Turcs.

Minuit. — Toujours sans savoir quand nous pourrons continuer notre route. Un train avec de l'infanterie vient d'arriver sur la voie à côté du nôtre. Ils dorment, je vais en faire autant. Le vent souffle toujours, mais il ne tombe pas de neige. Bonsoir !

17 avril. Midi. — Pas encore fini de déblayer. Espérons partir à une heure. Quatre trains de troupes attendent ici. Quels retards !

Aujourd'hui un pope a fait un service à la petite gare pour les morts du *Pétropavlosk*. Adieu.

A 200 kilomètres de Tsin-Tsigar. Chemin de fer chinois,
18 avril 1904. (Arrivée à Paris le 7 mai.)

Hier, arrivé à Manjur, frontière de Mandchourie. Nous ne repartons qu'aujourd'hui vers une heure. Les trains se suivent sans régularité, partant l'un après l'autre quand la voie est libre.

Avant-hier encore, sur la ligne près de Tsin-Tsigar, il paraît qu'on a arrêté deux officiers japonais porteurs d'une importante quantité d'explosifs. Ils étaient une quinzaine d'hommes, deux seulement ont été pris : ce sont des officiers.

Il fait très beau temps : nulle part on ne voit de la neige ; le pays accidenté, aucun village, pas de forêt, mais quelques beaux pins çà et là. La voie ferrée est bien construite ; le terrain, d'ailleurs, n'offre aucune difficulté ; les rails du type lourd partout.

Quand vous recevrez cette lettre, il se peut que j'aie déjà entendu siffler les balles japonaises ; j'en aurai eu le temps. J'espère être à Liao-Yang le 22, dans quatre jours, mais pour cela, il faut que tout aille bien.

Nous marchons de temps en temps à des vitesses tellement vertigineuses que nous pourrions, je crois, tenir tête à une bonne voiturette Dion-Bouton, de trois chevaux..., puis on retourne à la vitesse honnête de 15 kilomètres et au-dessous ! Paris-Vienne, Paris-Madrid, des blagues ! Il faut voir Baïkal-Moukden ! et sans écraser de chiens !...

Mandchourie du nord, 100 kil. de Tsin-Tsigar, à peu près, 18 avril 1904.
(Arrivée à Paris le 10 mai.)

A neuf heures du soir, nous arrivons à une gare où nous nous arrêtons une heure pour manger. Pendant le souper, un sergent entre et s'adresse au capitaine commandant le poste lui annonçant la capture de deux Chinois qui viennent d'être arrêtés à une verste d'ici. Ils étaient campés dans un petit bois, non loin du chemin de fer, et, dans leur tente, on a trouvé plusieurs cartouches de dynamite, ainsi que des instruments pour couper le télégraphe et arracher les rails. Nous remontons en wagon, et, au moment de nous mettre en marche, nous entendons, dans la direction opposée, plusieurs coups de fusil et le signal d'alarme qui tinte lamentablement pendant cinq minutes... Nous continuons notre route sans en savoir davantage...

Hier, avec une cartouche, on a détruit plusieurs mètres de la voie sur la route que nous venons de parcourir, mais le mal a été réparé en moins de deux heures de temps. La route devient très peu sûre entre Manjur et Kharbin, le point précisément qui paraît vouloir être coupé par les agents japonais. D'après ce que je puis voir, il doit passer par ici environ 1500 hommes par jour. On construit le plus de croisements possible, les gares elles-mêmes étant à 30 verstes l'une de l'autre à peu près, pour permettre la circulation d'un plus grand nombre de trains. D'après ce que je peux juger, un corps d'armée (25,000 hommes approximativement), doit mettre un mois ; c'est un peu long, et ces s... Japonais envoient aujourd'hui avec tant de facilité leurs troupes en Corée. — Sur ce, je vais dormir, bonsoir, à demain. Ah! je dois ajouter qu'à la gare j'ai fait une petite collecte et réuni quelques roubles pour les trois soldats qui ont arrêté les Chinois dont l'intention était de faire sauter la voie et nous avec...

17 avril. — Beau temps, mais ce matin beaucoup de neige sur la route : à présent presque plus. A deux heures, nous passons sous un long tunnel de trois verstes, un des rares de la route qui a beaucoup de ponts, mais peu de tunnels. Vers les six heures, nous rencontrons, paraît-il, un train dans lequel retourne en Russie le grand-duc Cyrille. On le dit seulement contusionné : j'irai le voir. Le pays que nous traversons est maigrement boisé : des collines et de petites montagnes. Je finis, nous avons un train-poste à côté, — non, seulement dans une heure.

Cette nuit, je n'ai presque pas pu fermer l'œil : chaque arrêt brusque, les sifflets lointains, ceux de notre machine, les cris des employés aux croisements, tout cela vous réveille en sursaut : c'est qu'on finit par devenir très impressionnable ; tout y contribue, joint à l'énervement du long voyage. Je commence à en avoir assez! Dieu veuille que je puisse retourner par mer : c'est peu probable, pour cela il faudrait attendre très longtemps. Notre train secoue en ce moment effroyablement. J'écrirai une seconde édition ce soir après avoir vu le grand-duc.

Kharbin, 21 avril 1904. (Arrivée à Paris le 10 mai).

Je suis arrivé hier soir, et je repars demain pour Liao-Yang, où des lettres m'attendent, d'après ce que le grand-duc Boris vient de me dire. Je suis dans un train en garage, où se trouvent le grand-duc Cyrille et le grand-duc Boris.

Le grand-duc Cyrille part ce soir pour Saint-Pétersbourg : il est assez fortement contusionné dans le dos ; la jambe droite et le côté droit de la figure sont brûlés, mais légèrement. Il se promène avec une canne : ce n'est rien de grave.

Le grand-duc se trouvait à côté de l'amiral Makaroff sur le pont du commandement. Le matin, à six heures, six croiseurs japonais s'approchent des forts et ouvrent le feu (une ruse de guerre) : l'escadre russe sort, le *Petropawlosk* en tête, et le combat dure deux heures ; puis on se met à la poursuite des croiseurs qui semblent fuir, lorsque tout à coup se présente à l'horizon une très forte escadre de cuirassés japonais : nos bateaux reviennent en rade, le *Petropawlosk* en arrière-garde. Nos bateaux étaient en train de stopper dans l'avant-port, en rade, le *Petropawlosk* suivait, quand eut lieu l'explosion. De 800 hommes, 32 sauvés, dont 8 officiers sur 36 (2 viennent de mourir, restent 6).

Le grand-duc Cyrille m'a raconté (environ dix heures du matin) qu'étant sur le pont, comme je viens de vous le dire, il vit l'amiral porter tout à coup les deux mains à la tête et tomber ; l'explosion eut lieu sur l'avant du cuirassé ; le grand-duc se précipite du pont de commandement sur le pont, et doit enjamber le chef d'état-major, mort, affreusement mutilé. Le bateau coulait avec une rapidité épouvantable (en moins de deux minutes) ; le grand-duc fait le signe de la croix et se jette à la mer ; il est pris par le remous, disparaît, lutte tant qu'il peut, et enfin s'accroche à un couvercle en bois qui flottait : c'est là qu'il est recueilli moins d'un quart d'heure après. Son aide-de-camp et ses deux domestiques ont péri. Le grand-duc Boris se trouvait tout près, à l'un des forts, avec Dimidoff, son aide de camp ; ils virent l'effroyable drame et ne doutèrent pas un instant de la mort de Cyrille. C'est vraiment un miracle qu'il se soit sauvé. On croit que c'était une mine posée la nuit par les Japonais. Un de nos torpilleurs a été aussi englouti par cette même mine.

Je viens de visiter l'hôpital de la Croix-Rouge, très bien organisé ; beaucoup de pauvres marins mutilés et de soldats blessés dans les escarmouches avec les Khoungouses chinois.

Les deux officiers japonais dont je vous ai parlé dans ma dernière lettre sont un lieutenant-colonel d'état-major et un capitaine : ils devaient être pendus ce matin, mais Kouropatkine a télégraphié qu'ils soient fusillés, ce qui aura lieu d'ici demain.

Il paraît que toutes les lettres sont ouvertes par la censure : celle-ci ne le sera pas, je la donne au grand-duc Cyrille qui l'emportera.

Ne vous inquiétez pas si dans une attaque des Japonais par terre nous semblions d'abord faiblir. Le pont de Kharbin sur le Soungari est superbe et bien gardé!

Les officiers japonais qui sont ici prisonniers déclarent que, comme ils sont partis de Pékin avec beaucoup d'autres, si eux n'ont pas réussi à détruire la ligne, leurs camarades y parviendront certainement, sur un point quelconque. — A Kharbin même, tout est tranquille, nous avons des distractions : un café chantant qui s'appelle Monte-Carlo, où j'irai ce soir! — Je retourne à Liao-Yang avec Boris et nous ferons la *popote* ensemble, ce qui me sera beaucoup plus agréable. J'espère pouvoir aller un jour de Liao-Yang à Port-Arthur.

J'ai rencontré aujourd'hui un sous-lieutenant d'infanterie qui était avec moi à Beitang et a reçu la même croix de Saint-Vladimir.

Il fait chaud, même trop chaud pour nous qui venons de passer par tant de froid. Partout une poussière atroce, poussière chinoise mêlée de toutes les saletés, de tous les détritus d'animaux crevés. C'est la Chine! « S..... pays! » dit Boris quand on lui en parle.

Aujourd'hui à l'hôpital, j'ai vu un Chinois installé sur un lit entre deux braves marins : ils semblent bons amis. Le Chinois a eu une jambe cassée par un madrier pendant la construction d'une aile de l'hôpital. Ils sont encore assez gais, ces pauvres estropiés, et regrettent de ne pouvoir retourner prendre leur revanche.

Jack est très content, et me regarde en ce moment. Il trouve Kharbin délicieux.

Kharbin, 22 avril. — (Arrivée à Paris le 19 mai.)

Nous partons à sept heures du soir pour Liao-Yang où nous arriverons le 24 au matin. Rien de nouveau ici sur la guerre. Hier après-midi, on a fusillé les deux officiers japonais. Je n'ai pas assisté à l'exécution, mais ils sont morts bravement. Le colonel ne s'est même pas laissé bander les yeux; le capitaine était de religion protestante, et, n'ayant pas de pasteur à Kharbin, il s'est confessé à un pope. Ils n'ont rien révélé des plans des autres officiers japonais envoyés pour détruire la voie; ils ont raconté tout ce qu'ils ont fait eux-mêmes : ils avaient traversé le pays depuis Pékin habillés en Lahamas (prêtres ou saints). Quand nos soldats les ont pris, ils faisaient semblant de réciter leurs prières. Hier, les autorités chinoises ont aussi fait exécuter six Chinois Khoungouses.

Il est possible que je sois transféré dans un régiment de cosaques, mais je resterai probablement pour le moment près du général Kouropatkine.

23 avril 1904. — (Arrivée à Paris le 19 mai.)

Demain matin, à huit heures, nous arriverons à Liao-Yang. Nous allons en train spécial (tous sont spéciaux!), à la vitesse de 20 kilomètres, mais le plus souvent seulement à du *bon* 5 *à l'heure!* Des soldats au petit trot et même au pas nous suivent pendant quelques kilomètres; le ballast de la voie n'est pas suffisant pour permettre de marcher plus vite.

Demain, à Liao-Yang, je me présenterai au général en chef et je demanderai à être incorporé dans les cosaques, quoique, pour le moment, je reste très probablement à l'état-major; mon uniforme de hussard est beaucoup trop voyant. Tous les officiers de la garde venus ici sont dans les cosaques; le grand-duc Boris porte aussi cet uniforme avec les aiguillettes d'aide-de-camp de l'empereur.

Hier et cette nuit, nous avons eu une pluie froide et du soleil : les changements de température sont très brusques. Depuis Kharbin le pays est très bien cultivé partout. Les villages, à la mode chinoise, sont presque de petites forteresses et je crois qu'ils pourront nous rendre des services comme défense pour de petits détachements isolés. Le pays est très ouvert; de petits groupes d'arbres autour des habitations. Des collines plates et peu élevées.

A Liao-Yang le général Kouropatkine entraîne les troupes en faisant souvent des manœuvres, ce qui est excellent, car l'immobilité est mauvaise pour les soldats : il faut les entraîner.

Si je passe dans les cosaques, ce sera avec le grade de capitaine de 2ᵉ classe, et peut-être même capitaine (chef d'escadron), car je devrais avoir déjà ce grade dans la garde : ce sera au plus tard en décembre.

Rien de nouveau sur la guerre. *On dit* que nous serons bientôt attaqués sur le Yalou. Les officiers japonais fusillés hier à Kharbin avaient demandé à être passés par les armes au plus tôt, disant qu'ayant eu l'ordre de faire sauter un pont vers Tsin-Tsigar et n'ayant pas réussi, s'ils vivaient, ils seraient déshonorés au Japon.

Liao-Yang, 25 avril 1904. — (Arrivée à Paris le 24 mai.)

Me voici depuis deux jours à Lao-Yang. Les lettres que j'ai trouvées venaient de Pétersbourg. Je n'ai encore rien reçu directement ici; d'ailleurs, la poste laisse beaucoup à désirer.

Aujourd'hui, on nous annonce que cinq cents Japonais ont traversé le Yalou. Le général Kouropatkine m'a dit très aimablement que je n'avais qu'à demander le poste qui me conviendrait. Je garde l'uniforme de hussard et ne changerai pas de régiment.

Pour le moment, jusqu'à ce que l'horizon devienne clair, je reste avec le grand-duc Boris et habite avec lui dans son wagon. Je suis donc à merveille, en attendant de pouvoir aller là où les balles siffleront. Il semble, d'ailleurs, que les Japonais ne nous feront pas trop attendre. Il vaudrait mieux pourtant qu'ils nous donnent du temps. Nous devions nous occuper de manœuvres pour exercer les soldats et les recrues et rendre plus homogènes escadrons et compagnies; mais je doute que les Japonais nous en laissent le loisir. J'ai rencontré ici les deux attachés espagnols, le colonel marquis Mendigorria et le capitaine de la Cerda, c'est moi qui leur ai fait part de la mort de la reine Isabelle. Nous n'avons aucune espèce de nouvelle d'Europe.

Mon cheval n'arrivera pas ici avant vingt jours. J'ai eu tout de même une fameuse idée de l'amener, car les chevaux, ici, sont des rossards de premier ordre et, de plus, sont très chers. J'aurais fait le bonheur de mes camarades en en amenant un wagon.

Une petite anecdote que vient de me raconter Boris : dans un voyage qu'il fit à Kieff il y a cinq ans, il rencontra le lieutenant de marine Cube et, ensemble, ils visitèrent entre autres l'église où sont conservées les reliques de sainte Barbe. Là, on leur fit cadeau d'anneaux en argent avec une sainte Barbe et une courte prière gravée qui avaient touché la relique. Celui qui leur donna ces anneaux ajouta : « Ne vous en séparez jamais, cela vous portera bonheur. » Le lieutenant devint plus tard aide-de-camp du grand-duc Cyrille : il portait toujours la bague. Le jour de la perte du *Petropawlosk*, n'ayant rien pu trouver à offrir au grand-duc Cyrille comme souvenir pour les Pâques, il lui en fit cadeau. Boris, étant présent, lui dit qu'il avait grand tort de se séparer de cette bague qui lui avait porté bonheur pendant cinq ans (car il avait désiré beaucoup être l'aide-de-camp de Cyrille). Quelques heures plus tard, il mourait dans la catastrophe et Cyrille était sauvé comme par miracle ! C'est tout de même étonnant... C'est la sainte-barbe qui a sauté, telle est mon opinion aujourd'hui d'après tout ce que disent ici les marins compétents de toutes nations. Le *Petropawlosk*, rentrant en arrière-garde dans le port, après le combat, a passé par où les autres bateaux avaient passé, donc pas de mine. Mais probablement qu'en rentrant les munitions dans la sainte-barbe, ils ont oublié d'enlever la fusée d'un projectile qui sera tombée dans la soute à munitions. De là, plusieurs explosions d'une soute à l'autre, tandis qu'une mine aurait donné seulement une explosion.

Arsène Karageorgewitch commande ici deux escadrons (une division) de cosaques, avec le grade de capitaine. Il est très gentil, très intelligent et pas du tout tel que les journaux en France ont voulu le faire croire.

Liao-Yang, 27 avril 1904. — (Arrivée à Paris le 24 mai.)

Voilà les Japonais qui ont l'air de vouloir marcher. On s'est battu un peu sur le Yalou : hier nous avons eu un officier tué.

Le général Kouropatkine travaille ferme, et nous avons pleine confiance en lui. Je monte régulièrement à cheval. Aujourd'hui avec le général en chef, après avoir fait l'inspection d'un régiment, nous sommes allés voir des travaux de fortifications que les Russes font élever dans les environs à l'aide de centaines de Chinois.

Tout va bien : la santé des troupes est excellente jusqu'à présent, Dieu merci ; nous ne souffrons encore d'aucune maladie épidémique.

Toutes nos lettres étant ouvertes, je ne vous écrirai pas grand chose sur nos mouvements, de crainte que mes missives ne vous arrivent pas. Dans trois jours j'irai à Port-Arthur avec le grand-duc, nous y resterons jusqu'au mardi 2 mai : quoique tout soit possible, j'espère que nous ne serons pas coupés par les Japonais, mais que nous assisterons à un bombardement de Port-Arthur. Le service de l'intendance se fait régulièrement et très bien.

On vient de me dire que des masses de dépêches arrivent à la minute : on assure que nos tirailleurs, après avoir battu les Japonais, leur ont pris une batterie hier dans la nuit. Selon les on-dit, les Japonais avancent avec deux armées, l'une se dirigeant sur Kharbin, l'autre destinée à couper Port-Arthur.

Nous avons été cette après-midi à l'hôpital de la Croix-Rouge où l'on travaille avec beaucoup d'activité ; on organise six cents lits et tout est presque prêt. A Liao-Yang nous aurons deux mille lits.

Tisauzau, à 40 kil. sud de Liao-Yang. 30 avril 1904.
(Arrivée à Paris le 25 mai.)

Aujourd'hui j'ai quitté Liao-Yang avec le grand-duc ; nous visitons toutes les défenses et tous les forts, et nous irons après à Hinkou (sud) et à Port-Arthur. Nous avons fait aujourd'hui une quarantaine de verstes à cheval par un soleil brûlant ; il fait très chaud. Nous sommes très bien défendus au sud-est de Liao-Yang, et je doute beaucoup que les Japonais osent attaquer ces positions : ils tâcheront plutôt de les tourner.

Avant-hier on a fusillé à Kharbin deux officiers garde-frontière qui avaient vendu de la poudre aux Chinois : ce sont des voleurs malheureux, qui, habitués probablement à voler le gouvernement de toutes les façons, ne croyaient pas tant risquer en vendant de la poudre. Cette exécution est d'un bon exemple : le général Kouropatkine se montre un homme énergique, et c'est ce qu'il nous faut. Je mettrai cette lettre à Hinkou (ou Inkou), moitié chemin de Moukden à Port-Arthur. J'y verrai les missionnaires français.

Nous avons appris aujourd'hui que les croiseurs de Vladivostok auraient eu quelques succès : ils auraient coulé un transport de troupes et des bateaux de commerce japonais.

Tout le pays que nous traversons est merveilleusement bien cultivé : les champs commencent à prendre une teinte vert tendre, et les groupes d'arbres qui entourent les tombeaux chinois nous réjouissent la vue après ces neiges du nord. Tout le monde travaille dans les champs : de ce côté-ci, le Chinois a confiance qu'il verra ses récoltes venir à bien, tandis que sur le Yalou les habitants quittent le pays et abandonnent tout.

Mon cheval n'arrivera pas avant une quinzaine de jours : je monte les petits rossards du pays. Le prix des chevaux a terriblement augmenté ; lors de la dernière guerre j'ai acheté deux chevaux mongols 40 roubles chacun ; maintenant on en demande au minimum 200 roubles, et 300 ou 400 roubles si les chevaux sont un peu convenables. Le Chinois ici ne veut pas de monnaie d'argent, il veut de l'or, ou, ce qu'il préfère encore, l'argent-papier, qui fait prime en ce moment, chez les Chinois : c'est facile à transporter, à cacher dans les habits et même dans les souliers. Je pense que là est la raison principale.

Je n'ai pas encore entendu siffler une balle : ça viendra !

Newtshwang (Hinkou), 1er mai 1904. — (Arrivée à Paris le 26 mai.)

En route pour Port-Arthur.

Toute la journée d'aujourd'hui a été très occupée. Hier soir, dès son arrivée, le grand-duc a passé la revue des troupes, — environ 7,000 hommes, — puis nous avons dîné à la gare avec les généraux et les chefs. Vrai dîner de temps de guerre : une soupe avec du bœuf chinois (un peu dur) et du champagne quand même ! Avec les Russes, on peut ne pas avoir de pain et de viande souvent, mais bien rarement on manque de champagne.

Cette nuit, la pluie est tombée à torrents, puis la journée a été superbe et fraîche ; l'horrible vent qui règne habituellement en Chine ne pouvait plus soulever, pendant quelques heures, l'éternelle poussière qui nous aveugle si souvent. De très bonne heure, nous sommes partis de la gare à cheval, puis nous avons redescendu en bateau la rivière Lian-Ho jusqu'à Neutshwang et la mer. Nous avons visité un fort et les défenses contre une descente éventuelle des Japonais ; je dis éventuelle, et même très problématique, vu que la côte est très boueuse, et qu'ensuite viennent des marais fort peu pratiques pour ce genre de sport. Enfin, peut-être plus au sud, les Japonais pourraient-ils tenter une descente, mais j'en doute, tant que nous aurons des navires intacts à Port-Arthur. Il paraît qu'hier dix transports japonais, accompagnés de deux croiseurs, se sont promenés au large, très au large : ceci doit être une démonstration, et je serais assez tenté de croire que les tranports étaient vides. Nous avons eu du Yalou des dépêches pas trop bonnes, car nous avons subi pas mal de pertes; mais nos troupes (deux bataillons) se sont retirées en bon ordre avec une batterie, sous le feu de six batteries japonaises et de quelques canons de siège que ces diables de Japonais semblent avoir parfaitement transportés par les routes coréennes. Nous ne connaissons pas le nombre de l'infanterie japonaise qui nous attaquait.

Je suis allé voir l'évêque de Newtshwang, puis j'ai visité la mission catholique française, l'orphelinat chinois et l'école dirigée par des Sœurs françaises. J'étais accompagné par le ministre de Russie à Séoul, M. Pawloff, homme charmant de grande intelligence et de beaucoup de valeur, que j'avais déjà connu il y a quatre ans à Séoul. Il part aujourd'hui pour Pékin, via Shanghaï-Vinang, puis il retournera à Shanghaï où il compte rester jusqu'à la fin de la guerre. Avant le départ de Pawloff, l'empereur de Corée, qui est russophile, lui avait secrètement envoyé une lettre avec quelques milliers de dollars qu'il le priait de distribuer à d'infortunés Coréens. La caisse particulière de l'empereur fut saisie par les Japonais et beaucoup de Coréens furent mis à mort, surtout parmi les fidèles de l'empereur, dont les Japonais connaissaient les idées. Plusieurs mois déjà avant la guerre, sous prétexte de commerce, les Japonais avaient envoyé à Chemulpo et à Séoul beaucoup de réservistes, qui, le lendemain de la déclaration de guerre, tiraient leurs uniformes et leurs fusils cachés dans leurs malles et augmentaient ainsi rapidement l'effectif des garnisons japonaises.

Nous subissons des changements de température très brusques : hier, il faisait une chaleur terrible, accompagnée d'une atroce poussière : aujourd'hui, il fait presque froid; les nuits, d'ailleurs, sont toujours froides. La santé de nos soldats est, grâce à Dieu, très satisfaisante, sans aucune épidémie. Newtshwang est une grande ville qui rivalisait avec la future ville de Dalny, et *viceversa* : malheureusement elle manque d'eau, l'eau de la rivière étant salée à cause de la marée.

Nous nous arrêterons cette nuit en route pour inspecter des troupes et voir d'autres points fortifiés. Mercredi 3 mai nous serons, j'espère, à Port-Arthur où nous resterons quarante-huit heures avant de retourner à Liao-Yang. Je crois que j'irai bientôt à la rencontre des balles japonaises.

Port-Arthur, 3 mai 1904, midi. — (Arrivée à Paris, le 29 mai.)

Ce matin, nous arrivons à cinq heures; le canon tonne; de très loin, nous entendons les décharges des forts. Cette nuit, à une heure, huit bateaux japonais chargés de pierres, charbon, etc., et armés de petits canons à tir rapide (Nordenfels) ont tenté de boucher complètement l'entrée, déjà si étroite, de Port-Arthur.

A peine descendu de wagon, je monte sur un de nos petits chevaux et je me rends au fort du Mont d'Or : on craint un bombardement. Le dernier brûlot japonais était coulé à cinq heures et demie du matin. Je descends du fort du Mont d'Or à la batterie appelée « électrique », puis, plus près de la mer, à une batterie de canons Nordenfels, où je cause avec le lieutenant de marine Lavroff qui la commande. Deux marins japonais, à demi-nus, sont là, et je parle un peu à l'aide de la douzaine de mots japonais que j'ai retenus lorsque j'étais malade à Nagasaki. Tous, nous admirons le courage incroyable de ces marins japonais; les deux avec qui je cause sont très reconnaissants envers nos marins qui les couvrent de fourrures, car ils grelottent : les malheureux étaient accrochés à un mât du brûlot coulé lorsqu'ils ont été recueillis dans un canot par le lieutenant Lavroff. D'autres se sont fait sauter la cervelle plutôt que de se rendre; dans une chaloupe, deux Japonais allaient être faits prisonniers : l'un se jette à l'eau, tandis que son camarade se coupe la gorge avec son couteau au moment où on veut les prendre.

A sept heures, je m'embarque avec le lieutenant, pour aller sur le brûlot n° 3, — les noms des bateaux avaient été barbouillés de peinture et partaient sous des *numéros* peints en blanc. — Nous arrivons au n° 3 pour prendre deux chaloupes encore intactes, et nous montons à bord : le brûlot est coulé à demi près du Mont d'Or. Nous grimpons à l'aide de cordages qui pendent tout autour du bateau. Le pont du commandement est entouré de gros câbles réunis ensemble comme protection contre les balles (le lieutenant me dit avoir tiré 800 coups de nordenfels cette nuit). Un seul Japonais est sur le pont, le crâne à moitié emporté, d'autres cadavres flottent autour et sont ramassés à la côte. En face du wagon où je vous écris, on creuse une fosse pour les enterrer (40 à 50 ont péri, nous n'avons pas de pertes, je crois). Vers les neuf heures, trois navires se montrent à l'horizon, on tire quelques coups de canon, et ils disparaissent sans faire feu.

Dans la casemate du lieutenant, une photographie de femme..., il est marié depuis trois mois. Puis des fusils, des caisses de munitions et un lit de camp, le tout petit, comme un compartiment de chemin de fer, sous terre, à l'abri des obus.

Nous avons une douzaine de prisonniers blessés japonais.

Demain, nous retournerons à Liao-Yang et j'espère marcher au feu, car ça chauffe! Parmi les signaux que j'ai aperçus dans la cabine du capitaine du brûlot n° 3, j'en ai pris un qui était trop rouge et jaune pour ne pas me faire battre le cœur; je l'ai pendu dans le compartiment du train où je campe pour le moment; il est devant moi, et ce jaune et rouge me fait penser à tant et tant de choses qu'il a l'air d'un ami. Vous le verrez un jour, j'espère...

Port-Arthur est encore libre : je vais faire un tour dans la ville.

En route de Port-Arthur à Liao-Yang. — 5 mai 1904.

Chère comtesse,

Ma dernière lettre, envoyée il y a trois jours de Port-Arthur, vous raconte l'affaire des huit brûlots japonais. Hier soir, à cause de nouvelles graves, nous recevons l'ordre de quitter Port-Arthur si nous ne voulons risquer d'être coupés et de devoir supporter le siège de Port-Arthur. Nous sommes donc partis à dix heures du matin, et nous serons rendus, j'espère, ce soir vers neuf heures à Liao-Yang. Lorsque nous arrivons à Taï-Chaï, on nous dit qu'on était inquiet de notre train, car trois compagnies japonaises ont été signalées à 17 verstes de la ligne venant de l'est, vers Adamo-Bay; on envoie des troupes pour protéger le train qui nous suit ramenant le vice-roi Alexieff qui rentre à Moukden pour ne pas risquer, lui aussi, d'être enfermé à Port-Arthur. Ça va chauffer bientôt!...

L'époque des pluies ne commencera pas avant quatre à cinq semaines; cette période arrêtera certaines opérations des deux côtés, mais n'interrompra pas un siège, d'autant plus que je crois que les Japonais ont une artillerie très puissante, tant comme pièces de campagne que comme pièces de siège de gros calibre.

Au moment où nous quittions Port-Arthur aujourd'hui, la flotte japonaise composée d'une douzaine de bateaux était en vue au large, et l'on s'attendait à un bombardement dans la journée.

A Taï-Chaï où nous venons de passer, on a arrêté deux prétendus Chinois avec une caisse de cartouches de pyroxiline. Les Japonais offrent de grosses sommes d'argent aux Chinois pour chaque dégât pratiqué sur la ligne. Les Chinois sont calmes, et partout travaillent leurs champs comme en temps de paix. Toutes les terres sont merveilleusement cultivées. Hier, la ligne a été légèrement endommagée sur un petit pont entre Port-Arthur et Liao-Yang, mais ça a été vite réparé; un moment nous avions craint d'être coupés et forcés de rentrer à cheval.

9 heures du soir. — Arrivée à Liao-Yang.

Je crois très probable que je partirai pour rejoindre la cavalerie commandée par Bennenkamf.

Encore beaucoup de graves nouvelles. Nos soldats se sont battus en héros. Toutes les batteries de mitrailleuses ont eu leurs officiers et leurs hommes tués jusqu'au dernier. Les blessés affluent; après-demain il en arrive 400. On s'attend cette nuit à une grande attaque sur Port-Arthur, peut-être même les Japonais essaieront-ils de forcer l'entrée avec une grande quantité de torpilleurs, et même des brûlots. Ce sont les on-dit...

Au revoir; demain j'achèterai des chevaux, le mien n'est pas arrivé, et Dieu sait si je le verrai jamais. — Je cours au télégraphe vous mettre une dépêche vous annonçant mon retour ici.

J'embrasse les sœurs très tendrement.

Dieu nous aide.

Signé : JAIME.

Liao-Yang, 6 mai 1904.

Hier, à peine arrivé de Port-Arthur, je vous ai envoyé la dépêche convenue : « All right ». Maintenant la route, le chemin de fer et le télégraphe de Port-Arthur doivent être coupés. Un train de la Croix-Rouge, amenant des blessés de Port-Arthur, a reçu une fusillade en route; deux blessés ont été atteints par les balles : nous attendons cette nuit l'arrivée de ce dernier train-là. Nous sommes partis à temps pour éviter le siège.

Nous avons eu un déjeuner du général Kouropatkine avec les attachés militaires; le général est très calme, il travaille ferme, mais sans s'agiter; il a le calme que demandent les circonstances, il voit très nettement les choses et répète : « Patience et patience, notre tour viendra. »

Je dois m'équiper avec les chevaux du pays, mon cheval est toujours en route : je ne l'aurai pas avant une douzaine de jours, où serai-je alors? Le moral de nos officiers et de nos soldats ne peut être meilleur, tous ne désirent autre chose que de marcher contre les Japonais, et de les rencontrer le plus tôt possible pour se mesurer avec eux. Par les détails que vous aurez sur la malheureuse affaire du Yalou, vous verrez comment nos soldats se sont battus. Il y a eu une batterie où tous ont été tués : ayant perdu tous leurs chevaux, ils avaient tiré leurs canons à bras, pour se remettre en batterie et mourir.

Il paraît qu'à 15 ou 20 kilomètres d'ici, on a eu affaire à des éclaireurs japonais : ça chauffe déjà partout et ça va chauffer ferme. Rennenkampf est parti avec sa cavalerie; pour le moment, je ne le rejoins pas et reste ici au quartier général.

J'aurai encore le temps de me battre, car nous avons la guerre pour longtemps : les occasions de se faire trouer la peau ne manqueront pas.

Liao-Yang, 7 mai 1904.

Enfin, j'ai reçu de Pétersbourg ma nomination de capitaine à la promotion de Pâques!

Aujourd'hui 160 blessés et malades du Yalou sont arrivés; dans le dernier engagement au Yalou, nous avons eu 30 officiers et 560 soldats tués, 1,300 blessés et 60 hommes disparus. Les blessés par des balles se guérissent très vite, beaucoup ont même pu faire de longs parcours à pied. L'esprit des soldats est *excellent*.

Quand on a commandé la retraite, nombre de soldats ne voulurent pas se retirer et furent tués. Aujourd'hui le général Kouropatkine a donné trois croix à des soldats blessés arrivés par le dernier convoi, et trois croix à des officiers blessés : tous les six s'étaient spécialement distingués.

Je n'ai pas encore reçu de lettre de vous, ni de mes sœurs. Ne vous découragez pas si vous ne recevez pas des nouvelles satisfaisantes de la guerre; je ne peux vous donner aucun détail sur nos opérations, vous le comprenez, mais *patience*, comme dit le général Kouropatkine, notre tour viendra.

Il fait chaud, et nous vivons dans une poussière effroyable, avec un vent violent qui ne cesse presque jamais : les pluies viendront dans quatre ou cinq semaines et l'on pourra respirer.

Il y a un missionnaire français ici dans la ville chinoise, et je désire le voir, car je veux me préparer à toute éventualité.

Nous sommes en excellentes relations avec les officiers étrangers qui sont tous charmants.

Il me manque bien des choses, mais c'est inutile de les demander... Dieu sait quand je les recevrais!

Liao-Yang, 9 mai 1904. — (Arrivée à Paris, le 5 juin.)

Enfin, je reçois votre première lettre datée du 12 avril, mais pas une encore de mes sœurs.

Aujourd'hui sont arrivés ici cinq cents blessés du Yalou; la plupart ont fait presque tout le trajet à pied, tant les balles japonaises de petit calibre (6ᵐ,5) sont *humanitaires*.

On est tué ou l'on s'en tire très vite et les complications sont rares. Un soldat que je viens de voir a été traversé par six balles et en sera parfaitement remis dans un mois. Un brave sergent qui est là à causer gaiement a reçu une balle qui, entrée près de l'oreille, est ressortie par la joue opposée : il espère retourner bientôt rejoindre sa compagnie ; il avait déjà mérité trois croix de Saint-Georges et on va lui donner la quatrième en or pour sa belle conduite. J'ai vu aussi le pope qui se promenait sur le perron de la gare et qui, lui, a reçu deux balles. Il me montre l'une d'elles dont il veut se faire une pendeloque.

Les Koungouses commencent à se remuer dans le pays. Les bandes jouent de mauvais tours à ceux qui tombent dans leurs mains. Un employé de la gare qui, accompagné de quelques coolies se dirigeait vers la gare pour inspecter la voie, a été pris par des brigands chinois qui l'ont laissé vivant, mais après l'avoir horriblement mutilé.

Le capitaine de la Cerda est parti avec la cavalerie de Rennenkampf : il est très probable que, bien avant que cette lettre ne vous parvienne, nous nous serons déjà battus pas loin d'ici. Il paraît que les pertes japonaises sur le Yalou ont été beaucoup plus élevées que les nôtres. Nos marins ont fait beaucoup de mal à l'ennemi. Demain, nous attendons encore environ cinq cents blessés. Les trains de la Croix-Rouge russe sont parfaits sous tous les rapports. Le service est fait à merveille.

Hier nous avons eu un accident de chemin de fer : un train de voyageurs a déraillé ; il y a eu vingt-neuf morts et une quarantaine de blessés. Je crois que l'accident est dû aux brigands chinois ; la voie est maintenant complètement réparée.

Je vous envoie, en même temps que cette lettre, une carte postale ; je mets moins que l'affranchissement, comme vous me le conseillez. Ecrivez souvent et dites aux amis d'en faire autant. C'est une si grande joie quand on est loin et *seul*; seul a l'air drôle, et, pourtant, c'est ainsi que je me sens souvent. Boris est très aimable pour moi, ainsi que le général Koroupatkine. Malheureusement, je vois peu ce dernier à cause de ses occupations.

JAIME.

Liao-Yang, 5 h. 29 du soir (télégramme arrivé à Paris, le 4 juin.)

Descendons sur Maï Yoy.

BOURBON.

LE

CORRESPONDANT

RELIGION — PHILOSOPHIE — POLITIQUE

HISTOIRE — SCIENCES — ÉCONOMIE SOCIALE

BEAUX-ARTS — LITTÉRATURE — VOYAGES

SOIXANTE-SEIZIÈME ANNÉE

PARAIT LE 10 ET LE 25 DE CHAQUE MOIS

PARIS, DÉPARTEMENTS & ÉTRANGER

UN AN : 35 FR. — SIX MOIS : 18 FR. — UN NUMÉRO : 2 FR. 50

ADMINISTRATION ET RÉDACTION

PARIS. — 31, RUE SAINT-GUILLAUME

www.ingramcontent.com/pod-product-compliance
Ingram Content Group UK Ltd.
Pitfield, Milton Keynes, MK11 3LW, UK
UKHW021039220726
13924UKWH00001B/414